AF298180

LETTRE

A MONSIEUR B. M. D. R.,

FAISEUR D'ERRATA EN FINANCES.

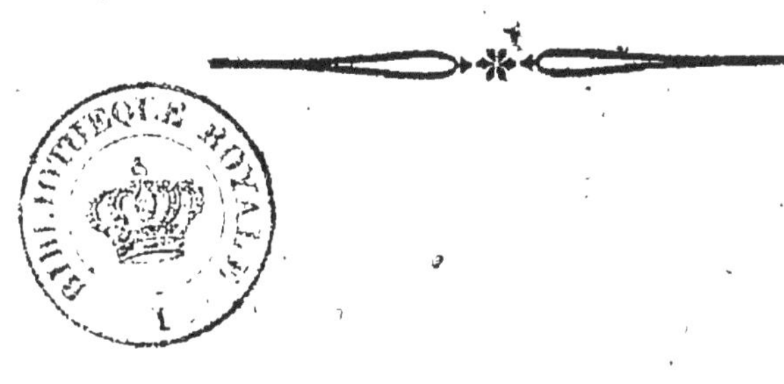

A PARIS,

Chez DELAUNAY, Libraire, au Palais-Royal.

1818.

LETTRE

A MONSIEUR B. M. D. R.,

FAISEUR D'ERRATA EN FINANCES.

. . . . . Sed magis amica veritas.

JE ne suis, Monsieur, qu'un petit marchand de la rue Saint-Denis, mais j'ai toujours eu la manie de m'occuper de politique, de finances, d'administration ; j'aime la lecture, je suis avide des nouvelles brochures, même des pamphlets ; le vôtre est arrivé jusques dans ma boutique, et vos *errata* m'ont mis en train de gloser. Je ne sais si vous daignerez m'écouter ; mais je prends la plume, je veux la laisser aller, Dieu sait où elle s'arrêtera. Mes voisins me traitent quelquefois de péroreur, je sais bien que cette épithète ne se prend pas souvent en bonne part, moi je n'en tiens compte, je vais mon train : *trahit sua quemquæ voluptas* ; car, Monsieur, j'ai aussi appris un peu de latin, j'ai en cela quelque chose de commun avec vous ; j'aime également à en faire parade, second trait de ressemblance avec votre candeur ; et, dût-on ajouter encore à ma qualification de péroreur celle de pédant, je pousse ma pointe, vous m'avez mis en verve. Si j'ennuie, on s'en prendra à votre faconde ou à ma sotte vanité, n'importe.

Ce que j'ai pu apercevoir de plus clair, Monsieur, dans vos pompeux *errata*, c'est que vous cherchez à prouver que tous les financiers en scène, depuis quelque temps, se trompent ou se sont trompés, excepté vous s'entend. Je suis assez croyant de mon naturel, et dans ces matières surtout qui me paraissent difficiles, je fais comme la plupart, je me détermine facilement à croire plutôt que de vérifier. Il en est de nous autres bonnes gens, comme de beaucoup de savans juges, de plus d'un pair et député de notre connaissance, le dernier qui parle nous paraît avoir raison. Ceci est d'ailleurs tout à fait commode, quand il est question de critiquer ; on se met ainsi plus à l'aise pour rire aux dépens des précédens. Mais, Monsieur, pour cette fois votre ton dogmatique m'en a imposé ; j'ai pensé qu'il y avait beaucoup à apprendre avec vous, il m'a pris envie d'essayer si je pourrais un peu me rendre raison de vos procédés supérieurs à tous les autres, et par conséquent travailler de nouveau à mon instruction encore si imparfaite. Je me suis mis assez légérement dans la tête qu'il n'y avait qu'à chiffrer pour rendre hommage à l'infaillible, quelle témérité ! Voilà que sur plusieurs vérifications que j'ai essayées, aucune ne s'est trouvée conforme à mes espérances.

D'abord, en homme impatient, j'ai commencé par la fin : ce qui fait le plus de plaisir, est de trouver les gens en défaut, surtout quand ce défaut s'applique aux personnes qui occupent le plus l'attention du moment : à ce titre je me suis hâté de tomber sur le pourpoint d'un député de Paris , d'un banquier (nous n'aimons pas les banquiers nous autres petits marchands) ; son nom m'échappe, et j'ai le malheur de les écorcher tous. Déjà je me sentais heureux avec vous de stigmatiser un coryphée de la finance ; mais voilà que je ne puis presque pas me trouver d'accord avec votre *bénignité*. C'est ma faute assurément, mais tout en rencontrant quelques erreurs chez le député (et quel est l'auteur qui n'en fait aucune quand il est seul avec son imagination) , il me semble pourtant que les plus grandes sont dans votre *errata* , que vous vous êtes trompé pour les trois quarts dans votre censure , que vous avez méconnu des bases positives, des points de partance assez clairs et bien assignés ; qu'enfin vous avez aggravé d'un bon nombre de millions, des mécomptes déjà assez forts, s'ils existent réellement comme j'ai cru les voir. Qu'importe le plus ou le moins, diront les rieurs ; s'il y a erreur, cela nous suffit pour nous amuser aux dépens de ces Messieurs ; *concedo* : et voilà satisfaction pour le parterre. Mais vous, Monsieur, qui êtes monté sur le théâtre pour confondre vos émules, vous n'avez pas entendu sans doute que l'auteur des *errata* tombât aussi dans des *errata*, et qu'on pût rire au même instant de ses méprises. Vous savez que nous autres écoliers nous rions bien plus fort encore, quand c'est aux dépens du maître.

Peu content de cet examen, je me suis dit : le désir de blâmer te rend la vue trouble et le jugement faux ; *un maître des requêtes*, n'est-ce pas? un professeur *in cathedrâ*, et de plus à traitement, ne peut se tromper. Il peut relever des *errata*, mais non pas en faire. Celui qui est en place et payé, n'ignore pas qu'il n'en est pas de lui comme de ces docteurs bénévoles et non salariés qui sont maîtres de déraisonner à leurs dépens ; on doit exiger de celui que l'on paye qu'il ne montre et n'enseigne que la vérité : c'est clair ; je me suis fourvoyé : le professeur critique, il est soldé pour cela, il n'a pu s'exposer à une réforme, et à être repoussé lui-même dans la foule des faiseurs d'*errata* : le plus sûr est de *jurare in verba magistri*, avec tous ses camarades payés comme lui.

Cependant il est pénible de passer condamnation sur son incapacité : mon amour-propre en était un peu révolté. Voyons, me suis-je dit ; soumettons notre pauvre esprit à une nouvelle épreuve. Le professeur connaît toutes les doctrines ; c'est évident : il en a une à lui qui est par conséquent le dernier échelon de la

science, et qui ne doit produire que des plans par-
faits ; il a beaucoup écrit ; cherchons dans ses œuvres.
Un de mes amis m'en a cité une qu'il soutient n'être
pas sans tache. Je cours chez Pélicier ; je lui demande
quelque opuscule du savant : en voilà une arrière-
boutique encombrée, me dit-il, des chiffres, des ta-
bleaux, etc... J'en suis épouvanté : je prends au hasard, j'ouvre, je lis, premier écrit sur le budjet, second écrit, troisième, etc., etc., etc. Bon, dis-je,
voici mon fait ; j'aperçois des calculs, des plans com-
plets de restauration de crédit, d'extinction de dettes
au plus bas taux. Je me colle sur ces tableaux, je lis
le premier écrit, j'en dévore un second, en voilà un
troisième ; mais bientôt changement de système, principes contradictoires ; au dernier, doctrine complète-
ment opposée. Je me perds dans les conjectures : je me
demande : cet homme est-il de la famille du compère
Mathieu, et comme chez lui, ces contradictions ne
sont-elles que des perfectionnemens successifs ? Non,
j'y suis ; il était bien professeur dès-lors, mais il n'é-
tait pas encore maître des requêtes ; il n'était pas
payé ; il variait avec les perspectives ; il se retour-
nait selon les vents, et pour arriver plus vîte ; il ne
dépendait de personne ; il n'était pas obligé par sa
place de ne dire que la vérité. Et puis, que suis-je
venu vérifier ici ? de la théorie : dans ce cas, c'est à
n'en pas finir : chacun a la sienne ; moi aussi j'ai bien
la mienne, et quand je la prêche dans mon quartier,

on me prend presque pour un savant : c'est le beau du métier que la théorie ! Avec elle , on se lance en avant comme un sourd à bride abattue. Lisez plutôt M. ; il se moque bien des chiffres , celui-là. Nous autres théoriciens, nous posons nos principes envers et contre tous ; les conséquences filent d'elles-mêmes. Oh ! c'est une mine inépuisable que la théorie ; respectons-la. Chacun d'abord se fait celle dont il a besoin, il part ensuite sans crainte, du pied droit ou du pied gauche, et gambade en liberté. Etourdi que je suis ! est-ce de la théorie que je suis venu chercher chez Pélicier , ou bien les calculs du professeur ? On me les donne au rabais : profitons , remplissons nos poches de quelques pages au hasard ; cela suffit pour des preuves ; et allons chiffrer sur notre comptoir , dans la rue Saint-Denis. Là, il me semble que ma tête moins éblouie reste plus dans le positif.

J'ai passé deux jours à me fendre le crâne ; mes résultats sont hors de ligne. Il faut que le professeur ait quelque méthode à lui pour bonifier ses chiffres, mais qu'il se garde d'appliquer à ceux des autres. Avec ma routine, je ne trouve pas à beaucoup près autant d'erreurs chez le député ; j'en trouve quelques unes pourtant ; et avec cette même routine, j'en trouve de plus fortes encore chez le professeur : comment expliquer tout cela ? Allons, il faut se livrer tout bonnement à la férule du maître, et lui dire avec soumission : doucereux docteur , je viens m'accuser

de ne pas vous croire plus infaillible qu'un autre ;
car, l'an passé, à la même époque, où l'on lisait le
plan de ce député, dont vous exhumez avec une
candeur sans mesure les *errata* multipliés par votre
talent, vous nous présentiez aussi un grand plan où
votre enthousiaste mais ignare disciple de la rue
Saint-Denis a cru trouver encore bien plus d'*errata*
véritables que dans celui qu'un zèle bienveillant a
daigné soumettre à votre fustigation pour notre plus
grand amusement.

Mon projet était de vous présenter ici quelques
exemples de vos erreurs de calculs, de vous montrer
comment, dans votre grand plan de finances, vous
fîtes le même oubli que vous reprochez à d'autres,
en laissant aussi de côté les arrérages des rentes,
dont vous faisiez la création, de vous citer quelques
autres mécomptes ou mal-entendus ; mais j'apprends
qu'un M. E. P. m'a devancé, et vous accuse dans
des tableaux et des calculs assez précis, vous l'oracle
des véritables financiers, ou des seuls que vous re-
connaissez pour tels, d'être tombé dans des erreurs
si considérables, qu'en vérité j'en suis moi-même tout
étourdi. Je veux voir avant tout ce qu'il vous plaira
répondre à d'aussi graves admonitions. Si M. E. P. a
raison, j'ai peu besoin d'ajouter quelques simples
annotations à des relevés d'une bien plus grande im-
portance ; s'il a tort, je viendrai après et à mon tour
vous offrir mes humbles remarques.

Mais, cher docteur, je n'entends pas vous quitter, après avoir parlé des chiffres ; je vous ai dit en commençant qu'une fois en train, je n'en finirais pas ; je poursuis, et avant de passer à autre chose, je ne puis m'empêcher de sourire, chemin faisant, des pompeux panégyriques, de la grande admiration dont vous cherchez à nous pénétrer sur cet œuvre du génie, sur cette invention unique dans son genre, qui d'après vous, est pour son auteur prétendu, d'un mérite ineffaçable. Franchement, est-ce au sérieux que vous nous dites tout cela ? Vous savez bien, grand professeur au jour le jour, qu'il n'y a là, ni invention ni inventeur de votre époque, du moins pour la pensée : la chose en elle-même n'a rien de neuf. Quand des voisins ou des étrangers exigent plus pour leur intervention, que ce que nous coûteraient des commis voyageurs ou des commis délégués et placés par nous sur les lieux, nous abandonnons l'intermédiaire trop exigeant, et nous nous servons de nos commis ; au lieu de conserver des relations et des comptes ouverts avec tel correspondant, banquier ou autres, nous renfermons ces relations dans nos préposés, et comme ces préposés tiennent déjà de nous des appointemens et d'autres moyens de faire fortune, nous leurs imposons pour nos affaires particulières la loi que nous voulons. Tout l'inventif d'un tel jeu d'opération, soit qu'on l'appelle avec raffinement une petite banque, soit qu'on la nomme caisse de service, n'est donc qu'une simple

imitation de ce que peut faire tous les jours, et de ce
que fait le plus souvent en pareil cas, tout négociant,
tout fabriquant qui est assez sûr de ses recouvremens
pour ne pas hésiter à en charger par économie ses
propres employés. Cette idée n'est nouvelle nulle part,
pas même au trésor, elle y avait été proposée avant
votre venue, mon cher professeur, et même quelquefois mise en usage en petit, par-ci et par-là ; quant à
l'opération en grand, si vous trouvez là du génie,
je m'incline devant vos oracles : pour moi, je n'y vois
rien qui ne soit à la portée du moins saillant de mes
camarades marchands. Et d'ailleurs quant à cette application en grand, à cette petite banque à vous, et
pour votre seul avantage, il y a bien des choses à
dire là-dessus : c'est en soi-même une question qui ,
quoiqu'elle paraisse séduisante au premier coup
d'œil, peut présenter plus d'un côté susceptible de
controverse., lorsqu'on voudra diviser et bien définir
tous les élémens qui se rattachent à cette grande concentration et qui en dérivent. Je sais bien qu'en mécanique, tout ce qui a l'air de se rattacher à un seul
moteur, et de ne se mouvoir que dans un cercle dont
on se trouve le régulateur constant, peut paraître le
comble de la perfection ; mais en mécanique aussi,
nous voyons tous les jours des résultats qui paraissent
admirables à la première vue, et qui, à l'usé, ont bien
des inconvéniens. Le mécanicien peut bien y trouver
son compte, quand pourtant ceux sur qui la machine

opère, ou ceux aux dépens desquels on la fait opérer, peuvent y entrevoir trop de dangers, et en certains cas trop de possibilité d'abus principalement dans un état constitutionnel : je reviendrai là-dessus quelque jour, j'espère encore, cher professeur, vous rencontrer sur ce terrain : ici cette question nous menerait trop loin, et me ferait divaguer, ce que je ne fais déjà que trop, direz-vous : mais comme dans ma façon de voir, cette question peut se rattacher à un bon nombre de points de vue et de principes plus essentiellement administratifs que financiers, permettez que je laisse mes doutes de côté, et que pour cette fois je vous passe sans conséquence que cette petite banque qui vous sourit tant, est une merveille. J'ai tenu seulement à vous démontrer que l'idée n'est ni neuve ni extraordinaire.

Je sais bien que ce qui vous charme à vous autres professeurs de finances, c'est par-dessus tout ce qui est colossal ; cela en impose au vulgaire, qui bientôt ne peut plus pénétrer dans l'intérieur de la machine et est réduit à crier au hasard et sans connaissance des faits, autour de l'enveloppe. Vous aimez ce qui est à perte de vue, les meilleures lunettes finissent alors par être en défaut : les viremens intérieurs, les transpositions obligées, la séparation des exercices, la distinction des arriérés, la dette fixe, la dette flottante, le passif des caisses, les entrées, les sorties, les avances, les balancemens, etc. etc. Bon dieu, bon dieu, cher professeur! voilà véritablement le secret de la science et la sauve-garde des manipulateurs : qu'ils s'y frottent les théoriciens, les banquiers, les députés, je la leur donne en mille : Edmond Dégranges lui-même n'en tirerait pas au clair le véritable résultat. Oh! sur ce point je baisse pavillon, nous y avons tous perdu notre latin, dans mon quartier marchand ; aussi, nous y attendons messieurs de la commission du budjet, pour rire à notre tour de leur embarras : mais ils ne seront pas si dupes; avec quelques bonnes phrases et quelques petits redressemens convenus d'avance et pour la façon, ils feront rouler le gros ballot vers sa destination, après avoir tiré de l'urne, le plomb qui doit assurer son bon voyage.

Vous attribuez aussi, vénérable professeur, l'introduction des écritures en parties doubles dans le trésor à votre coryphée du moment, mais il me semble d'abord que cette innovation n'est pas plus une découverte que la précédente, d'autant qu'un de mes voisins m'a plusieurs fois assuré que cette méthode avait déjà été essayée et mise en pratique pour les principaux comptes, par le dernier garde du trésor royal avant la révolution; et depuis, du temps de l'estimable M. Dufresne qui en valait un autre quoique sorti de la boutique d'un de mes voisins. Si on a pu ensuite l'appliquer sur une grande échelle, c'est parce que la comptabilité, fut alors plus réunie, moins sujette à des distinctions obligées, résultantes auparavant d'une législation plus imparfaite qu'à ces dernières époques; et puis cette tenue en partie double accompagnée des complications dont vous la renforcez, rend-elle aujourd'hui vos résultats beaucoup plus clairs pour le commun des lecteurs, et excepté pour le petit nombre de ceux qui sont dans l'intérieur du laboratoire, et par là dans les élémens confidentiels de vos annotations et restrictions conventionnelles ou mentales? Tant que vos exercices multipliés et séparés, si longuement en suspens, ne viendront pas se fondre constamment et ensemble, dans un bilan unique et dans un résumé annuel bien complet; aucun individu étranger à vos premières conceptions, ne pourra jamais, quelle que soit sa sagacité, vous deviner, et saisir vos véritables traces.

Mais c'est précisément ce qu'on cherche soigneusement à éviter dans votre sanctuaire, afin qu'ainsi le petit nombre d'initiés puisse rester exclusivement en possession du prétendu talent nécessaire pour gouverner nos finances : c'est aussi pour cette raison que chaque fois qu'il est parlé d'un changement de ministre dans cette partie, vos affidés ont soin de proclamer partout qu'il n'est possible de penser qu'à trois ou quatre d'entre ceux qui les ont si bien balotées depuis une douzaine d'années. Les mécréans ont beau s'écrier que ces gens-là n'ont pas mieux fait que d'autres; ce sont toujours les mêmes artistes que vous nous présentez exclusivement. Il n'y a que le doyen

que vous excluez , il ne sait viser qu'à des banque-
routes,dites-vous : mais qu'avez-vous fait autre chose,
vous tous, qui fûtes si long-temps autour de lui ou
avec lui ? il exécutait aveuglément et avec soumission tout ce qui pouvait plaire au maître , et vous
autres le secondiez à qui mieux mieux. Chacun y a
trouvé et recueilli sa récompense ; titres, cordons,
rubans, quel est celui de vous qui n'en a pas eu sa
part suivant son rang ? Nous avons vu l'instant où le
portier du trésor aurait son tour. Aujourd'hui à vous
entendre, vous êtes tous de petits saints , pourquoi
le doyen ne le deviendrait-il pas comme vous ? Ne
sait-on pas qu'il a toujours été disposé à se dompter
même dans ses plus tendres affections ; et en fait de
probité , d'exactitude d'exécution, il vaut pour le
moins autant que vous tous sans exception.

Dans un état constitutionnel , si nous voulons nous
y renfermer enfin , il ne faut pour Ministre des finances qu'un bon et fidelle caissier, qui sache présenter clairement ses recettes et ses dépenses, qui ait la
probité de ne pas malverser , de ne pas dévier d'une
route tracée par des lois adoptées et appuyées de la
sanction nationale ; dont l'application se trouve clairement décrite dans des discussions publiques et anté-
rieures. Il ne faut plus qu'un Ministre des finances
se mette à la torture pour inventer des moyens de pour-
voir à des dépenses non prévues , ou pour arracher
des tributs arbitraires au milieu de toutes les opposi-

tions privilégiées et rivales. Nous ne sommes plus au temps de ce respectable Turgot, de ce sémillant de Calonne, ou de ce Necker que tant de récriminateurs aveugles, anathématisent sans l'étudier, et auquel nous autres bonnes gens de notre quartier, nous ne trouvons qu'un véritable tort aussi funeste pour nous que pour lui, c'est d'être arrivé trop tard ou trop tôt. A ces époques il fallait en effet, pour oser accepter le ministère des finances, ou ne se douter de rien ou se mocquer de tout, ou croire à la conversion bénévole du genre humain. Mais aujourd'hui, ne vous en déplaise, plus d'un marchand de mon quartier se croit déjà capable d'exécuter des mandats parlementaires, de recevoir et de payer sans tromperie ni préférences. Votre chaos embarrasserait un peu en commençant, mais nous ferions comme chez nous, séparer bien distinctement le présent du passé, simplifier la marche au lieu de la compliquer sans cesse suivant votre méthode ; et nous arriverions à pouvoir rendre tous les ans un seul compte sous un seul point de vue. Cela vous fait lever les épaules, vénérable professeur, votre supériorité s'offense de notre ridicule confiance : et ne parlait-on pas ainsi naguères de tant d'autres prétentions ou trop plébéïennes ou qualifiées de scandaleuses, et auxquelles il faut bien se soumettre chaque jour, pour durer, et pour garantir à des possesseurs en jouissance, la portion assez brillante qui leur reste encore ; l'expérience, la raison et les chiffres finissent par mettre tout au clair , par montrer arithmétiquement où réside la véritable force où il faut chercher les effets réels. Ce n'est plus avec des abstractions qu'on peut convaincre ni les étudians en finances , ni les nombreux observateurs en administration , et il faut que vous passiez à mes camarades marchands , la prétention de croire que le véritable régime des finances dans un pays représentatif et dans une marche constitutionnelle, doit se trouver à la portée du très-grand nombre , et sur-tout de ceux qui ont la pratique de toutes les parties qui s'y lient et en font l'essence : qu'il peut être devenu plus qu'inutile d'aller même au-delà des monts , chercher comme autrefois , des alchimistes ; à moins pourtant que certains docteurs ne pensent que le faisceau des mortifications nationales n'est pas assez complet. Enfin dût votre révérence s'en fâcher un peu , je soutiens qu'il est temps de réduire vos procédés trop scientifiques à leur juste valeur , qu'il n'y a pas nécessité à nous renfermer exclusivement dans le choix du petit nombre de vos protégés , de vos protecteurs ou de vos élèves ; qu'il ne nous faut, ni de qui griffe , ni de qui rue , ni même de Quigrogne. On dit que ce dernier , tout en ayant l'air de rester en seconde ligne , voudroit bien enjamber cet espace qu'il mesure depuis long-temps dans ses tâtonnemens de plus d'un genre ;

il a préparé un élève pour couvrir au besoin sa marche et pour avancer derrière son habit ; mais en cela, on dit aussi, qu'il n'a pas calculé plus juste que dans certaines autres circonstances. Suivant quelques uns, il a pris la question de trop haut ; les chiffres dont il prétend faire usage pour assurer ce résultat médité, sont aujourd'hui relégués par les calculateurs de sang froid, dans les espaces imaginaires : ceux-ci prétendent qu'il n'y a plus d'enveloppe qui résiste au grand jour, fût - elle doublée de parchemins ; ni *l'élégance qui n'a pas nui à la profondeur, ni les charmes du style*, ni ces origines jadis premier terme obligé, ni des phrases, ni des noms, tout cela n'est plus de nature à fortifier le crédit de l'instituteur et de l'élève, ou le nôtre. Or, vous savez, professeur, que dans la cruelle position où de bien-veillans alliés ont daigné nous laisser cheoir, nous ne pouvons de long-temps nous passer de crédit.

Cher maître, il est temps de se dépouiller des enveloppes en finances comme en toutes choses, aujourd'hui la lumière perce les murailles et éclaire tous les déguisemens. Soumettons-nous modestement, restons dans les règles simples et réduisons les calculs et les opérations, pour marcher sur la grande route, sans mépriser la foule des regardans qui n'est plus aveugle, et résignée à croire sur parole.

Je

Je lis dans vos yeux , quelle hardiesse de la part d'un petit marchand ! encore si c'était un banquier : ceux-là du moins peuvent ricaner ; malgré tous nos ressorts compliqués ils savent se glisser sur notre route, et pour bien que nous serrions la proie , les arabes en emportent toujours pied ou aile de leur côté. Allons, cher professeur , vous n'avez pas toujours été aussi dur envers les banquiers ; vous et les vôtres vous aviez bien aussi vos amis dans leurs rangs, et chacun ne s'en trouvait pas mal. Mais aujourd'hui il paraît que votre parti est pris ; la guerre est déclarée par vous et aux banquiers et aux banques ; pourvu pourtant qu'on vous réserve la vôtre, cette miraculeuse caisse de service : n'est-il pas clair qu'avec ce seul instrument vous ferez tout aboutir dans vos serres ; et pour peu qu'on vous laisse le champ libre, vous arriverez sans beaucoup de peine à mettre tout notre numéraire , ou peut s'en faut , dans vos mains. Mais s'il vous prenait envie de les fermer ces mains pendant un peu trop long-temps , que deviendraient et les banques et le commerce, et nous tous ? Qu'il vous passe par la tête, par exemple, de mettre en cave les écus , ou de sus-pendre de temps en temps les restitutions journalières en ne payant pas les mandats de vos agens , comme cela est arrivé parfois à quelques-uns de vos amis ; que deviendraient alors les besoins de la circulation ? Votre petite banque ne pourrait-elle pas nous jouer un tout de sa façon ? L'air du local est-il pour toujours à l'abri des miasmes du terroir? C'est cette crainte qui me faisait dire plus haut que sans disputer sur la simplicité du jeu de la machine à votre seul usage et disposition ; pourtant la faculté possible de l'accroissement et de la durée arbitraire de cette grande concentration, est de nature à paraître bien dangereuse dans certains cas.

Vous n'avez voulu aussi qu'une grande banque, pourvu qu'elle fût à votre usage et à vos ordres ; moi j'en voudrais un bon nombre et à l'usage de tout le monde. Autrefois, nous autres petits marchands, nous avions notre caisse du commerce, notre comptoir commercial, nous nous en trouvions bien et tout le commerce de Paris aussi. Si l'on nous eût laissés en repos et sans nous enlever violemment ces moyens de circulation et de prospérité ; au lieu d'un ou deux établissemens d'escompte, nous en aurions peut-être trois ou quatre dans ce moment ; les villes environnantes frappées de l'utilité de ces secours, nous eussent imité un peu plus tôt, un peu plus tard ; et dans bien des lieux en France, il existerait aujourd'hui ou des banques ou des caisses ou des comptoirs d'escompte, qui soutiendraient notre commerce défaillant, et fourniraient des ressources multipliées pour secourir notre industrie et animer une foule d'entreprises nationales.

Au lieu de cela, qu'ont fait vos coryphées et vous-même professeur ? car vous étiez avec les faiseurs :

vous avez détruit tous ces germes d'une bonne distri-
bution de secours et d'agrandissement de crédit ;
vous avez fait fermer d'autorité nos comptoirs et nos
caisses, pour tout concentrer dans une seule banque
exclusive ; vous l'avez dotée d'un prétendu privilége
dont le titre est par lui-même caduc aux yeux de
toute autorité impartiale et de tout esprit juste,
puisque cette concession n'est compensée par aucun
avantage, ni pour l'état ni pour tous les particuliers ;
ni par aucun sacrifice de la part des intéressés usu-
fruitiers, envers la masse déshéritée et non participante.

Quand vous avez concouru à cette œuvre d'ini-
quité, et j'oserai dire d'ignorance, vous avez arrêté dans votre palais, un plan qui remplissait votre
but du moment ; vous étiez maîtres alors et les fau-
teurs d'un maître absolu, voici comme vous raison-
nâtes : trois ou quatre établissement adolescens,
n'ont pas assez de force dans leur constitution actuelle
pour fournir à nos besoins excessifs, leurs petits secours seraient pour nous, non seulement insuffisans,
mais encore d'un effet trop disséminé, et surtout pas
assez secret : formons un dépôt renforcé et d'une
grande somme qui aura l'air de n'appartenir qu'au
public et de n'être que pour son usage ; en rassem-
blant le double de ce qui peut devenir nécessaire
dans le maximum des exigeances commerciales, cet
excédent et plus s'il le faut, arriveront sous notre main,
à nos ordres ; nous mettrons à la tête des gens unique-

ment à nous, nous les prendrons dans nos serviteurs les plus soumis ; qu'ils sachent ou non le métier, peu importe ! ils seront là pour obéir et pour jouer le rôle prescrit. Nous donnerons des noms pompeux, nous revêtirons tout cela d'une écorce brillante, nous y semerons au hasard, des titres, des honneurs ; mais nous ferons passer dans nos mains la plus grande partie de ce capital : 40 à 50 millions une fois transportés dans nos laboratoires seront échangés périodiquement contre quelques rames de papier non circulantes, et destinées à ne voir le jour qu'en traversant la rue : cela s'est exécuté aussi long-temps qu'une main de fer vous a prêté sa force irrésistible.

Mais aussitôt que le colosse, à l'ombre duquel vous agissiez si commodément, est tombé en morceaux, chacun s'est occupé de secouer le joug : alors les régisseurs de la banque n'ont été ni les moins empressés, ni peut-être les moins modérés ; leurs prétentions se sont grossies en proportion de la contrainte où on les avait long-temps retenues, et elles ont pu, à bien des égards, passer dans l'autre extrême. Ceci ne doit pas étonner ; toute pression, ou violence démesurée, entraîne tôt ou tard réaction ; et si, dans plus d'une occasion, les régens, autrefois écoliers très-soumis, se montrent aujourd'hui pédagogues vétilleurs, ou trop exigeans, c'est parce que la force reste de leur côté, et la faiblesse au vôtre. Eh bien ! nous, marchands et commerçans, qui ne changeons pas avec les circonstances, nous saurons vous dire notre avis avec impartialité. Nous ne sommes pas à la vérité devenus des banquiers; autrefois, ce titre moins saillant, était placé parmi nous en rang et en fonctions inférieures; aujourd'hui c'est l'auréole de l'Etat ; plus d'un prêteur sur gages, en enveloppe sa tête ; l'épithète est devenue un passe-port pour aspirer à tout, à la tête des administrations, et surtout de toutes les entreprises de grand rapport. Ce mot en vogue a acquis une sorte de charme qui entraîne, et les gouvernans, et les docteurs, et la foule : bientôt il faudra être banquier pour aspirer à quelque chose. Cela vous contrarie un peu, Messieurs du gouvernement de la finance : mais à qui faut-il s'en prendre? à vous-mêmes, à vous seuls. C'est de vous qu'est venue la force des chefs, et l'assurance de la clientelle ; c'est vous qui les constituâtes d'abord les maîtres d'une banque unique, agissant sous le mouvement de vos aîles, et pour vos convenances. Avec cette banque unique, une fois débarrassés de votre domination, ils sont restés les arbitres des mouvemens et des besoins du commerce ; les possesseurs du plus précieux et indispensable agent de la circulation de la capitale, les dispensateurs de la protection de celle des provinces; et les interventeurs nécessaires de la facilité de votre propre mouvement, de celui de tous vos services, presque du mouvement entier de l'Etat. Là, comme toujours, un très-petit nombre régit la compagnie ; la compagnie, à son tour écarte les nouveaux visages ; on se garde du danger de l'insubordination, on roule dans le même cercle, dans le cercle éprouvé des hommes qui ont pris l'habit, et admis le mot de ralliement pour partager l'influeuce productive ; tant qu'il restera de ce précieux noyau, point d'admission hasardée. S'il faut avoir l'air de renouveller, on aura soin que ce renouvellement ne soit que pour la forme ; on ne sort que pour rentrer à l'instant ; et quelle que soit l'espèce de capacité réelle, ou la nullité ; quels que soient les ravages du temps sur la raison, le jugement ; une fois admis, on peut se tenir pour jetonnier jusqu'à la fin de ses jours. Il n'y a que la mort, cette terrible et inévitable destructrice, qui parvienne de temps en temps à rendre quelque place vide : mais alors quel dévouement, quelle assiduité autour des principaux dispensateurs ! Il est facile de deviner d'avance quel est l'heureux néophyte appelé à prendre rang. Tout cela se passe sans beaucoup d'efforts, grâces aux effets bien médités du merveilleux réglement, qui donne toujours, à peu de chose près, les mêmes votans, sans admettre en complément ceux qui devraient venir en rang pour remplacer les absens. On est peu touché de l'espèce de *reat* temporaire, qui enveloppe, dans sa longue durée, le commerce de Paris tout entier ; vous attendrez que nous quittions la vie pour quitter nos places, c'est là ce qu'on peut lire à la porte de l'assemblée. Et qui a fait tout cela ?

vous, monsieur le professeur, et vos trois ou quatre ministres exclusifs des finances, qui ont tous saisi, comme une chose admirable, l'idée d'une banque unique à grands capitaux, alors à leur disposition ; sans réfléchir que ce qui est contre la nature des choses ne peut avoir qu'une durée momentanée, c'est-à-dire celle qui reçoit son impulsion unique d'une force majeure. Mais quand cette force perd de son poids et de ses effets accidentels, il ne reste plus qu'une institution exagérée dans ses élémens primitifs, réduite pour elle, aux inconvéniens de ses bases erronées, et pour le public, au désavantage du mauvais esprit qui a présidé à sa formation. Dans de telles circonstances, qu'est-il arrivé ? C'est que ceux que vous n'aviez d'abord voulu rendre puissans absolus et exclusifs, que pour votre usage et sous votre obéissance, ont saisi promptement l'occasion de se soustraire à cette obéissance, sans consentir à cesser d'être puissans, absolus et exclusifs. Ils n'ont pas pensé pour cela, à rapporter sur le commerce en général, la somme des faveurs qu'ils vous retiraient, et qu'ils ne vous accorderont plus qu'en partie, à de toutes autres conditions, sous des garanties bien renforcées et presque humiliantes. Chaque traité est devenu l'objet d'une longue et pénible négociation, accompagnée sur chaque point du *sine quá non,* auquel il faut finir par se soumettre. Vous avez détruit toutes les rivalités, toutes les concurrences, tous les fondemens d'autres recours. Il est juste que vous subissiez la loi : cette dure loi, dictée le plus souvent par vos plus soumis naguères, et quelquefois adoucie par ceux qui, sans avoir jamais plié, savent toujours être les plus concilians.

Vous aviez pensé, direz-vous, à ne former un grand dépôt, un capital surabondant, que pour être là, au service des nécessités générales, et pour assurer le cours de toutes choses : vous avez pu dire, il faudra toujours qu'ils cherchent l'emploi de cet argent : s'ils ne veulent plus nous en laisser profiter, du moins le commerce, les fabriques, la circulation générale en profiteront à leur tour; et il découlera toujours quelque bien de cette réunion de grands capitaux, de leur présence et de leur mouvement journalier. Vaine théorie ! Quand la jeunesse a secoué le joug, elle ne pense qu'à jouir de toute la liberté de son indépendance, elle ne se dirige que vers ses propres jouissances. Diminuer le taux de l'escompte, escompter davantage et avec plus de condescendance, cela convenait-il autant aux forts intéressés que d'augmenter le prix de l'action et de restreindre le diviseur ? Ne vaut-il pas mieux absorber une partie de ce capital en achetant avec secret le plus d'actions possible, et faire avec un capital moindre, les mêmes, les seules affaires que l'on veut se borner à faire. Le secret des achats ne l'est pas pour tout le monde, quelques-uns peuvent jouer à jeu sûr, et les actions que l'on garde, reçoivent par-là, un accroissement de valeur proportionnelle. Le résultat de cette spéculation, n'est-il pas infaillible pour les intéressés ? Qu'importe le public : la banque est un établissement particulier qui appartient à ses actionnaires, personne autre n'a rien à y voir ; on peut aujourd'hui tenir tête à un gouvernement trop affaissé sous ses embarras pour s'exposer à ceux que certaines résistances, et le refus absolu de quelques petits secours, pourraient lui occasionner encore : il ne peut exiger, sans des coups d'autorité, qu'il est hors de sa position d'oser. Vous les forçâtes d'élever leur capital au-delà de leurs convenances, de leurs intérêts particuliers, ils l'ont réduit même en deçà ; 22 mille actions sont retirées de la circulation, et Dieu sait où l'on se serait arrêté sans les timorés ; les courageux disent : Le capital étant réduit à la mesure, de notre avantage personnel, nous n'en garderons pas moins notre privilége ; nous avons une loi pour nous, elle nous accorde beaucoup d'années de jouissances exclusives ; nous pourrons aussi partager notre réserve (et cela serait déjà exécuté si l'effet n''eût pas croisé celui de quelques intérêts du moment) ; et comme nous ne sommes que des particuliers, les actionnaires d'une banque particulière, nous sommes les maîtres de notre chose particulière, et nous agissons pour notre seul avantage.

Eh bien ! Messieurs de la finance, Messieurs les

professeurs en comptabilité, en calculs infinis, dites
si cela n'est pas raisonner juste; soyons de bon compte,
beaucoup d'autres feraient de même à leur place,
vous et moi peut-être tous les premiers. Qui donc a
assez d'indifférence et de générosité, surtout quand
le mérite n'en doit être que collectif, pour laisser
échapper lorsqu'il en est le maître, l'occasion de bonifier ses intérêts et celui de ses associés : moi action-
naire, je dis tout le premier *in hoc laudo*. Pourquoi
donc citer tout cela, me direz-vous, si vous vous en
trouvez bien ? voici pourquoi : je n'attaque point les
hommes et encore moins les régens de la Banque ; à
leur place il est vraisemblable que je ferais en partie
comme eux. Mais ici je discute les choses, et je juge
les institutions et leurs auteurs. Vous vous plaignez des
banquiers, de la Banque, et j'ai voulu vous démontrer que c'est vous et vos patrons qui avez fait de ces
banquiers, de cette Banque tout ce qu'ils sont aujour-
d'hui. Vous deviez prévoir cela les premiers, et vous
pouviez l'empêcher, c'est ce que je vais tâcher
d'établir.

N'est-ce pas vous et les vôtres qui avez détruit la
caisse de commerce, et les élémens de tout autre établissement pareil dans Paris ? N'est-ce pas vous autres
qui avez accordé à une Banque unique, un prétendu
privilége exclusif sans réserver à l'état qui conférait
à cet établissement, le grand profit de battre monnaie pour son compte particulier, aucune espèce de
rétribution ou tribut bien naturel?

Vous allez répondre : Nous avions accumulé là un capital exhubérant , mais c'était pour le service du Gouvernement ; nous avions imposé sur les dividendes une retenue destinée à mettre en réserve une certaine quantité d'effets publics , ils devenaient par là immobilisés , et pour autant une sorte d'amortissement ; et ayant l'intention de disposer à peu près constamment , de la moitié du capital plus ou moins , en leur déposant de nos papiers à 4 p. 100 ; ce service que nous considérions comme obligé et sous-entendu , en réciprocité du privilége , nous paraissait une compensation suffisante : je vous entends ; cela m'a en effet toujours paru assez clair ; et plus d'un vous avait deviné. Mais quelles précautions avez-vous prises pour assurer la durée de ces procédés réciproques ? Où sont les conditions qui devaient lier les parties , débutant chacune de leur côté avec des avantages relatifs ? Comment enfin avez-vous établi suffisamment , que l'on tiendrait toujours entier un capital de 90 millions pour le service du public et pour le vôtre ? Comment, qu'à mesure que la réserve grossirait , elle formerait d'autant un amortissement relatif, et ne serait plus dans le cas de venir accroître le débordement de nos rentes ? Comment, dans le cas où l'une des parties se soustrairait de son propre mouvement et pour son unique profit, à quelqu'une de ses conditions ; vous êtes-vous réservé , avez-vous réservé au Gouvernement , sans craindre d'arrêter le mouve-

ment de la circulation existante, le moyen de faire cesser du moins l'exclusion du privilége ; et de pouvoir
aussitôt admettre les propositions de toute autre compagnie, de tous autres capitalistes qui voudraient se
présenter avec des garanties suffisantes pour exploiter
la même industrie en concurrence ; pour l'avantage
du public, du Gouvernement et de tout le commerce,
et surtout de tous les petits marchands et fabricans
de nos quartiers, et bien au-delà. Si vous avez con-
cédé des priviléges pour des sous-entendus, ou dans
l'espoir de ces bons procédés qui ne se sont succédés
qu'autant que chacun y trouvait son compte ou son
assujettissement ; il est clair que lorsque l'assujettissement a cessé, adieu les procédés : mais le prétendu
privilége est resté. Dès-lors on a raison de dire qu'on
n'est qu'une banque particulière, qu'on ne doit compte
qu'aux actionnaires ; et que, lorsque chacun d'eux y
trouve plus ou moins son bénéfice, des étrangers n'ont
rien à dire. Qu'opposerez-vous à cela ? Vous direz
peut-être qu'une banque, dont le papier est devenu
monnaie autorisée, en vertu d'une concession du Gouvernement, ne peut se considérer admise à l'exercice
d'un tel privilége, sous un autre point de vue que
celui du plus grand avantage national, que celui du
Gouvernement et du public, et de tous les intérêts
quelconques. Cet argument est assez raisonnable : je
ne crois pas qu'on essaie de le combattre directement.
Mais que sont des argumens contre des faits et des fa-

.cultés ? Celui qui se trouve en possession , sans entraves et sans conditions précises, raisonne d'un côté à votre gré , et de l'autre agit au sien. Si un malheureux , par exemple , s'avisait de contrefaire le papier devenu argent par l'effet d'une concession de l'autorité publique , ce ne serait plus dès-lors un simple faussaire, mais un véritable faux-monnayeur ; car il il est clair que les billets de banque sont une partie de la fortune publique, un signe représentatif de la monnaie circulante, une valeur nationale : le faussaire sera puni de mort.

Mais , si vous Gouvernement, ou moi petit marchand, allons proposer à ce distributeur de ces monnaies publiques, ou une bonne affaire qui ne rentre pas dans ses vues, ou des conditions qui ne lui paraissent pas suffisantes, nous aurons beau lui dire : moi, que c'est du papier très-bon, quoiqu'il n'ait pas de signature de banquiers ; que c'est pour aider une filature , une nouvelle fabrique ; vous, que les services vont manquer, que vous n'avez besoin que de quelques millions sur des effets du Gouvernement ; et tous deux à la fois qu'ils doivent se regarder et agir comme un établissement public, qu'ils ne sont saisis d'un privilége tout à fait de faveur, que pour le service et le plus grand avantage de tous, sans distinction ; ils vous répondront alors : La Banque est un établissement particulier ; elle ne doit compte de sa gestion qu'à ses actionnaires ; elle ne doit s'occuper que de leur plus grand avantage et de leur unique utilité.

Ainsi, voilà une société qui tantôt est à la tête d'un établissement public national, au service de tous et dans l'intérêt de tous, sans distinction ; et tantôt rien autre chose que les représentans et les mandataires de quelques actionnaires, les gérans exclusifs de leur intérêts immédiats et de leur seul avantage.

Votre Banque est donc au même instant, et suivant les circonstances, ou suivant ses convenances, un établissement public ou un établissement privé : mais plutôt, n'est-ce pas là bien réellement, un engendrement qui a la faculté de se parer tour à tour de l'un ou de l'autre caractère, qui n'a plus de sexe déterminé ; une sorte d'hermaphrodite, de qui, comme tel, l'on ne peut attendre aucune fécondité réelle, aucun de ces effets productifs et essentiellement désirables qui devraient se rattacher à une telle institution, dans l'intérêt de l'Etat et dans l'intérêt du public.

C'est pourtant de votre tête (car vous assistiez à la création), de celle de vos oracles, qu'est sortie cette belle production ; vous savez bien aujourd'hui crier contr'elle, vous vous indignez de son audace et de votre dépendance ; mais vous vous êtes bien gardé de chercher à nous expliquer la cause primitive de l'abus ; moi, je l'ai rétablie, et je vous en fais à juste titre les honneurs. C'est à vous et aux vôtres que ces prodiges appartiennent ; permettez qu'on vous en présente l'hommage ; il doit être un titre de plus à la suprématie de vos alliances financières et de vos héros ; on doit se garder de leur enlever ce grand témoignage de capacité.

Vous vous flattez de pouvoir suppléer en grande partie à cette défaillance, par votre petite Banque et par vos receveurs-généraux ; mais vous ne pensez pas dans tout cela au commerce, au public et à la possibilité de plus d'économie ou de facilité dans une grande concurrence, dans un concours d'escompteurs et d'entrepreneurs de ces affaires au rabais. Vous ne voulez pas sortir de votre écritoire, de votre hôtel de la Trésorerie, de vos agens, de vos 13 ou 1400 commis, camarades et co-exploitans nos deniers. Vous vous embarrassez au fond très-peu qu'on paye plus cher, pourvu que les banquiers que vous n'aimez pas, n'y aient pas leur part ; pourvu que cette Banque, autrefois si poltrone, aujourd'hui révoltée et si revêche, n'y puisse intervenir. Mais nous ne saurions nous méprendre sur l'esprit de corps, sur l'influence indestructible de l'air du climat du coin de la rue Vivienne ; nous avons vu comment, quand vous avez dû pactiser contre votre gré avec cette Banque, l'on s'est mal prêté chez vous à faciliter et accélérer les exécutions subséquentes ; les rentiers peuvent en dire quelque chose : il faut toujours que le public souffre des discordes ou du peu de conciliation des grands ; c'est le *plectunctur achivi*.

Chacun croyait déjà que vous alliez créer des coupons du semestre , que ces coupons pourraient être escomptés à la banque ; on y voyait un accroissement immédiat d'une monnaie journalière , d'un signe circulant de la main à la main, et apportant plus d'aisance de proche en proche dans toutes les transactions ; tout devait se ressentir de ce surcroît d'aisance , de ce bienfait ; la circulation, le crédit y eussent puisé de nouvelles forces. Ce n'était pas là sans doute une découverte de vos camarades , un dogme de votre collége , vous y avez vu alors des inconvéniens et des difficultés sans nombre. Votre petite banque vous suffit pour vous tirer d'affaire , sans vous embarrasser des autres ; et n'importe à quel prix , pourvu que les banquiers n'y participent pas. Quant à moi , mon cher professeur , je soutiendrai toujours que , n'étant pas mieux traité par votre petite banque que par la grande ; que voyant dans la première, d'un côté une pompe aspirante entourée de force majeure , qui peut , sans que ce soit pour la première fois , suspendre de temps en temps , au premier signal , le jeu de la refoulante qui est censée y être accolée ; je ne vois qu'avec terreur mon commerce , et celui de mes confrères , exposé aux résultats possibles de cette commotion subite , inopinée : et encore une fois , sans disputer davantage les élémens ou le principe de votre petite banque , je ne la voudrais pas si absolument en votre pouvoir et dans vos

mains ,

mains , ou dans celles des petits saints de votre choix:
quant à la grande , n'étant pas d'étoffe pour la can-
didature des honneurs et jouissances de prédilection ;
pouvant tout au plus aspirer à être, à la longue , com-
missaire d'escompte , et jetonnier temporaire , sans
espoir d'ascension ou d'autre récompense , quels que
soient mes services ; tout en félicitant les élus , les
intéressés, et les gros banquiers en pleine jouissance de
ses larges faveurs ; moi je ne puis pas plus me contenter de toutes ces préférences et démarcations, que
de votre grande concentration. Je désire , pour la
satisfaction de mes confrères , pour le soulagement
des fabricans de mes environs, et de toutes nos nombreuses fabriques ; pour la plus grande aisance du
commerce , pour celle du public , pour la facilité de
la circulation générale , de la vôtre même, Messieurs
du trésor ; autre chose que votre banque et la leur.
Ainsi donnez-nous d'abord une bonne caisse de commerce telle ou plus forte que celle qui a déja existé,
et dont les moyens de rénovation et d'agrandissement
seraient réunis au premier mot avec largesse: Ce premier pas fait , je ne doute pas qu'on ne vous offrît
bientôt ici, et ailleurs, les moyens et les garanties,
d'autres établissemens semblables et également salu-
taires. Tout est possible aujourd'hui dans ce genre.

Vous autres grands financiers exclusifs qui tendez
toujours à rentrer en vous-mêmes ; qui fermez dé-
daigneusement les yeux à tout ce qui ne sort pas de

vos laboratoires, et surtout à ce qui a l'air de venir de notre quartier marchand ; vous ne voulez pas connaître, vous ne connaissez pas tout ce qu'on pourrait en ce moment trouver dans les têtes et dans les bourses, en fait de crédit ; si l'on savait s'y bien prendre, écouter un peu, et ne pas repousser toute idée non sortie de votre cerveau ou de celui de vos confrères ; profiter de la vogue, du besoin d'activité, de la disposition de confiance qui fermente dans tous les esprits. Aidez cette confiance, encouragez-la par vos bonnes dispositions et votre concours ; vous aurez bientôt plus d'un établissement d'escomptes sur de grandes proportions, avec des vues vraiment publiques et de prospérité non exclusive. Il s'en créera graduellement dans plus d'un lieu, et pour tous les secours, pour tous les besoins. Vous verrez alors de véritables découvertes se développer et agrandir leurs effets ; vous aurez des entreprises en grand pour toutes choses, pour les chemins, pour les canaux, pour les desséchemens, pour l'achèvement de tous vos édifices publics, et pour toutes espèces d'exploitations. C'est sur ce vaste tableau que vous devez enfin porter vos regards : ne laissez pas échapper l'occasion, le moment propice d'une réussite facile ; que votre grande supériorité, et celle de vos trois ou quatre, daigne enfin fixer sa vue au dehors de la circonférence de vos cabinets ; de ces palais où vous trouvez assez de jouissances pour vous ét pour vos amis ; mais d'où vous en laissez arriver trop peu vers nos quartiers, vers le grand nombre. Combattez enfin, détruisez tout ce qui est trop exclusif, trop restreint ; provoquez des institutions favorables à vos besoins et aux nôtres ; aidez successivement tout ce qui peut se rattacher à ce but.

Quand vous vous trouvez forcé de marcher sur la même route que l'Angleterre, examinez comment elle a pu faire un si grand chemin et d'aussi étonnantes choses ; profitez du spectacle de ses procédés pour imiter, non pas servilement ni tout-à-coup, mais graduellement, et dans la proportion de vos pas, ce qui est véritablement à votre portée, et dans la maturité de votre situation. Si vos besoins de moyens de crédit et d'échanges, se multiplient chaque année par la nécessité d'avancer, d'achever votre libération, et d'obtenir pour cela, faute de payement effectif, une augmentation de confiance pour la conservation du prix de vos promesses ; il ne faut pas s'endormir sans regarder l'avenir. Il convient de rendre plus nombreux les instrumens, quand les masses à remuer deviennent aussi plus nombreuses, plus lourdes ; si vos machines restent inférieures au développement du travail, l'impuissance de leurs effets, s'arrêtera devant ce développement.

Dans la nouvelle carrière que nous entreprenons de parcourir, avec un accroissement successif des besoins de confiance, de crédit, il faut plus d'élémens, d'appuis, de secours, de rapidité d'échanges; il ne faut pas surtout que chacun et le trésor lui-même soit journellement incertain sur la possibilité de l'excès du cours des réalisations instantanées et urgentes ; il ne faut pas qu'il reste exposé à des lois trop dures, en n'ayant devant soi qu'un ou deux acheteurs ou prêteurs; on ne peut bien vivre ou vivre long-temps en pareille situation , et la sécurité doit résulter de la concurrence des preneurs. Il faut se hâter de créer, d'encourager ces réunions de preneurs et ces alimens faciles d'échanges; il faut provoquer, exciter, protéger autant d'établissemens d'escomptes et de papiers de confiance qu'on en voudra former. Appelez les petits commencemens, approuvez, soutenez les grands développemens. Vous êtes arrivé à ce point de ne plus oser sans témérité vous contenter d'une seule banque. Il vous en faudrait déjà deux, trois, quatre et le plus possible. Chacune aura assez de carrière pour le profit des intéressés, et toutes concourront davantage à l'intérêt général.

Je n'ignore pas tout ce qu'on peut chercher à opposer à cette opinion. Je pourrai discuter d'avance la plupart des objections. Ce n'est pas pour moi le moment, j'espère être à même de les traiter quelque jour avec plus d'étendue et de solennité. Laissons encore le champ libre à ceux qui croient triompher, en assurant qu'on serait disposé à escompter plus, s'il y avait plus de matière escomptable ; que la place de Paris, par exemple , ne comporte qu'un maximum de circulation de billets , que la banque existante a atteint souvent ce maximum ; que lorsqu'elle est arrivée là , les limites du contenant ont fixé celles du contenu, et repoussé l'exhubérance.

Tout cela peut paraître imposant, quand on reste convenu d'avance d'un seul et même point de vue. Aujourd'hui les regards doivent s'agrandir avec notre position, et il deviendra facile d'expliquer comment on ne trouve plus de matière escomptable à son gré , quand on a posé d'avance les bornes de sa qualité , de ses conditions, et de la convenance privée qu'on y attache ; et pourquoi il n'y a pas d'usage et de circulation du signe au-delà de l'emploi que la stagnation des travaux, des fabrications, des échanges, ont circonscrit ; bornes désastreuses nées de la gêne des payemens, de la cherté du crédit ; et que le meilleur marché du crédit, et une plus grande aisance dans les payemens, dans la transmission successive de la marchandise comme de sa contre-valeur , auront bientôt agrandies, pour croître encore avec tous les autres effets infaillibles de la baisse de l'escompte et de l'aisance du producteur.

Il est temps d'arrêter cette digression : c'est pour le coup , mon vénérable maître , que l'on doit me qualifier de péroreur , et de beaucoup d'autres épithètes ; mais votre réputation m'entraîne : vous avez tant d'indulgence, votre caractère s'est toujours montré si conciliant! Vous vous écriez:

Finissons enfin, où en voulez-vous venir avec moi?
Quelle est votre conclusion? La voici, grand Aris-
tarque, écoutez, vous frapperez ensuite.

J'ai cherché d'abord à vous persuader qu'il n'y
avait pas lieu à prendre un ton si solennel, et surtout
aussi tranchant (j'allais dire plus), que vous le faites,
en relevant les erreurs des autres ; lorsqu'on a pu soi-
même en commettre de plus graves.

2°. Que ce qu'il vous plaît d'appeler des merveilles
ou des découvertes, pour en faire honneur aux vôtres,
à vous, à ce petit nombre de docteurs de votre goût,
ou de votre compagnie d'élus ; que tous ces procédés
auxquels vous attachez des réputations, n'ont réellement rien de merveilleux ou de neuf, qui ne soit
connu, et à la portée du plus médiocre de nos commis.

3°. Que vous vous plaignez à tort aujourd'hui des
banquiers et de la banque ; parce que les premiers ne
font que se venger à leur profit de la contrainte, de
la soumission, dans lesquelles vous et vos amis les avez
tenus long-temps pour votre profit aussi, et pour assurer l'exercice de vos talens exclusifs. Qu'en ceci nos
amis ne font après tout que ce que vous, moi, et bien
d'autres eussent pu faire à leur place. Peut-être la
réaction va assez loin ; mais enfin il y avait eu pression
primitive, action forcée de la part des vôtres ; sans
calculer qu'on ne reste pas toujours le plus fort ; et
qu'il fallait prévoir d'avance les inconvéniens de l'af-
faiblissement, de l'arbitraire, et de la force passée en
sens contraire.

4°. Qu'en détruisant sans justice et sans discerne‑ ment la caisse de commerce et les germes d'autres éta‑ blissemens d'escomptes et d'échanges ; en instituant une banque unique, exclusive, sur le terrain d'un éta‑ blissement plus privé que public ; vous n'avez pas pensé à renouveler les élémens primitifs de cet établis‑ sement originairement particulier, à le tailler du moins sur un patron et dans un esprit analogue à sa nouvelle destination. Que vous ne cherchâtes qu'à y faire arriver une augmentation de capitaux pour votre usage et pour votre seule utilité ; que pour cacher cet acte de violence, vous gratifiâtes sans plus de ré‑ flexion quelques capitalistes, dont vous guettiez les mises, d'un privilége exagéré, et aujourd'hui essen‑ tiellement en opposition avec les besoins qui récla‑ ment d'autres concurrences et d'autres instrumens de la même espèce, et d'une trempe plus populaire, plus serviable.

Qu'enfin vous et vos trois ou quatre, êtes bien ceux qui avez amené tout cela ; et vous n'avez pas le droit de vous en plaindre.

Que l'on n'est pas disposé à vous tenir pour plus habile que d'autres, malgré l'étalage de vos comptes, de vos chiffres et de toutes vos transpositions si com‑ pliquées. Vous aimez les complications : elles sont les ouvrages avancés derrière lesquels vous défendez votre terrain et l'entrée de la place à tout autre qu'aux soldats de votre garnison. Vous êtes, cher docteur, comme les Brames ; vous prétendez vous réserver une langue exclusive. Mais vous n'êtes pas aussi fort que ces prêtres indiens qui punissent de mort ceux qui osent lire dans leurs livres. On a lu, on lira jusqu'au bout dans les vôtres : les mystères sont expliqués ; gare à votre religion factice et à vos officians.

Bon soir ! jusqu'à une autre fois.

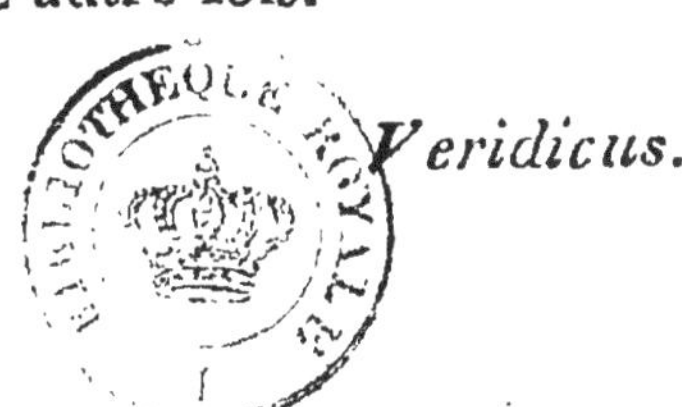

Veridicus.

Imprimerie Porthman, rue Ste.-Anne, n°. 43.

www.ingramcontent.com/pod-product-compliance
Ingram Content Group UK Ltd.
Pitfield, Milton Keynes, MK11 3LW, UK
UKHW020038080726
13614UKWH00004B/1836